FOLIO JUNIOR

UN ROMAN EN SIX PARTIES :

1/ L'ATTAQUE DES VERS GÉANTS
2/ LA GUERRE DES MOUTONS
3/ LA GRENOUILLE TUEUSE
4/ FAUX FRÈRE
5/ PIÈGE À RAT
6/ LE BOUT DU TUNNEL

Pour en savoir plus,
rendez-vous à la p. 95

Morris Gleitzman
et Paul Jennings

DÉMENT !

4/ FAUX FRÈRE

Traduit de l'australien
par Olivier de Broca

FOLIO JUNIOR/**GALLIMARD** JEUNESSE

Titre original : *Wicked ! (Part Four : Dead Ringer)*
Edition originale publiée par Puffin Books–Penguin
Books Australia Ltd, 1997

UN

J'avais l'impression d'être devant un miroir. Le garçon qui me regardait à travers le feuillage avait mes yeux, mes oreilles et mes cheveux. Mon nez aussi. Sa lèvre supérieure s'ornait d'un fin duvet, il était un peu plus grand que moi et il avait quelques boutons d'acné.

Mais à part ça, ce garçon était moi. Il a cligné des yeux, tout éberlué.

J'avais été poursuivi par des vers géants. J'avais plongé le regard dans la bouche d'une grenouille grosse comme un bœuf.

J'avais vu la mère de Kate revenir d'entre les morts, sourire aux lèvres. Et j'avais suivi un « escargot-boussole » à travers la moitié du pays. Mais ça n'était rien comparé à ce que je ressentais.

Je connaissais ce garçon. Et réciproquement. Mais comment peut-on connaître quelqu'un qu'on n'a jamais vu de sa vie ? Et pourquoi mon estomac faisait-il des sauts de carpe ? Pourquoi avais-je les mains aussi moites ?

Je me faisais l'effet d'un gamin qui, le matin de Noël, reçoit un cadeau auquel il ne s'attend pas du tout. C'était comme assister à une naissance. Bizarre. Vraiment bizarre.

– L'escargot s'est échappé. L'escargot s'est échappé !

La voix stridente de Kate est montée jusqu'à moi.

De mon perchoir, je ne voyais pas le sol. Mais j'ai réalisé avec effarement que l'escargot infecté avait dû s'échapper lorsque j'avais lâché la boîte. Cet escargot à tête chercheuse qui voulait tuer mon père.

– Il monte dans l'arbre, a crié la voix chevrotante de papy. Il infiltre nos défenses. Sus au déserteur !

Le garçon était sidéré. Quant à moi, j'étais terrorisé. Mon père se trouvait-il quelque part dans cet arbre ? Il fallait à tout prix que je le protège. Je me suis faufilé entre les branches.

– Papa, papa, papa ! Où es-tu ? Attention. Descends de cet arbre. L'escargot arrive.

Aucune réponse. Il n'y avait personne d'autre dans l'arbre.

J'ai regardé en bas et j'ai vu l'escargot. Il grimpait sur le tronc à toute allure. L'escargot le plus rapide du monde. J'ai cherché désespérément quelque chose pour le frapper. J'ai essayé de casser une branche, mais elle a refusé de céder. Il ne me restait qu'une chose à faire. J'ai sorti mon bonhomme à tête de pomme et je l'ai mis en travers de son chemin pour lui barrer le passage.

Ce n'était pas une bonne idée. L'animal a disparu. Où se cachait-il ? Oh, non ! Il était monté sur la tête de la poupée, il se collait sur ses narines. Sans réfléchir, j'ai attrapé mon bonhomme par les pieds et j'ai donné de grands coups sur une branche. Il fallait que je me débarrasse de cet escargot contaminé. Mais il s'accrochait comme une moule à son rocher.

J'ai tenu la poupée aussi fermement que possible, j'ai replié l'index et j'ai donné une forte pichenette. Flic ! Zoum ! L'escargot a tournoyé dans les airs avant de retomber par terre.

– Attention, Kate ! Il a atterri quelque part.

– Je l'ai, a crié papy. Je l'ai, ce traître.

– Remets-le dans la boîte !

Oubliant l'escargot, je me suis tourné vers cet autre moi-même, plus âgé.

Le garçon me tendait quelque chose. Au début je n'ai pas compris. D'où sortait-il ça ? C'était ma poupée à tête de pomme. D'un poing tremblant, il me l'a mise sous le nez.

Quelque chose clochait. J'ai regardé ma main. Je tenais toujours ma poupée. Sa tête était un peu cabossée. Et il y avait sous sa chemise des bourrelets que je n'avais jamais remarqués. Je pouvais les sentir avec mes doigts. Mais c'était bien mon bonhomme à tête de pomme. Alors comment ce garçon pouvait-il l'avoir entre ses mains ?

La réponse était évidente. Il en possédait un lui aussi, identique au mien.

– Où tu l'as eu ?

Il s'est approché pour mieux m'observer.

– Et toi ? D'où tu sors ce visage ?

Je me suis pincé pour ne pas m'évanouir. Pour ne pas tomber de l'arbre. J'essayais en vain de rassembler les pièces du puzzle.

« Concentre-toi, je me suis dit. Réfléchis. Lentement, lentement. Une chose après l'autre. »

Le garçon était plus âgé que moi. Bien.

Il était mon portrait craché. Entendu.

Il possédait une poupée à tête de pomme. Aucun doute là-dessus.

L'escargot en avait après quelqu'un de ma famille, Kate me l'avait prouvé.

Mon père n'était pas dans l'arbre.

Alors l'escargot devait en avoir après le garçon, c'était la seule explication.

Donc...

Ce garçon devait être de ma famille.

C'est là que ça a fait tilt. La solution m'a heurté de plein fouet comme un train sortant d'un tunnel. Soudain le puzzle s'est mis en place.

– Tu... tu dois être mon...

Je n'arrivais pas à prononcer le mot. Il restait coincé dans ma gorge.

– Tu es... mon...

– Ton frère, a-t-il fait.

Ses yeux se gonflaient de larmes.

J'avais un frère. Depuis toutes ces années, et je n'en savais rien. J'étais bouleversé. Pourquoi ne m'avait-on rien dit ?

Ma tête tournait. J'étais déçu de ne pas voir papa. Mais j'avais trouvé quelqu'un d'autre. Soudain, le monde devenait un peu plus accueillant. Je n'étais plus aussi seul.

Mon frère et moi nous avons éclaté en sanglots. Il a tendu la main pour me prendre par le bras. Il m'a serré contre lui.

– Tu n'es qu'un mioche, a-t-il dit. Mais nous sommes liés par le sang. Moi qui me croyais seul au monde.

Liés par le sang ? Mais bien sûr ! L'escargot en avait après lui. Pas après papa.

Au bout d'un moment, il a réussi à demander :

– Ta... notre mère. Et papa. Ils sont toujours en vie ?

J'ai hoché la tête. En espérant ne pas mentir.

– Décris-les-moi.

Je ne savais pas quoi raconter.

– Eh bien... Cet espace qu'on a entre les dents : ça vient de papa. Et ces oreilles pointues. Elles viennent de maman.

– Maman ? Papa ?

Il semblait avoir du mal à prononcer ces mots.

– J'ai eu une maman. Et un papa. Ils sont morts tous les deux.

– Mais...

– On m'a expliqué que mes vrais parents n'avaient que seize ans à ma naissance. Je ne les ai jamais vus. Ils m'ont confié à l'Assistance. C'est tout ce que je sais d'eux. Mes parents adoptifs étaient formidables. Mais ils sont morts dans un accident de voiture. Et je me suis retrouvé ici. A l'orphelinat.

Je ne savais pas quoi dire.

Il avait l'air triste. Il a repris :

– Parle-moi encore de tes parents. Parce que ce sont aussi les miens.

Je savais qu'il disait vrai. Mais ça me paraissait encore tout drôle. C'était bon de se découvrir un frère. Mais je n'étais pas sûr de vouloir partager mes parents... une fois de plus. J'ai commencé à lui parler de moi. Les mots se bousculaient. Je lui ai raconté des tas de choses sur papa, sur maman et sur notre belle-famille.

Une voix nous est parvenue.

– Eh, Randy ! a crié Kate. Qu'est-ce que tu fabriques là-haut ? Tu ponds un œuf ou quoi ?

– C'est la fille dont je viens de te parler, ai-je expliqué à mon frère. Ma demi-sœur. Kate, la grande perche. Elle est... elle est... sympa, malgré tout. Une minute ! ai-je crié à Kate. Je ne peux pas descendre tout de suite.

Il y a eu d'autres appels mais Howard et moi nous avons choisi de les ignorer. Nous avons parlé sans fin. Intarissables. Chacun apprenant tout ce qu'il y avait à savoir de l'autre. Mon frère s'est inquiété quand je lui ai dit que maman était à l'hôpital. Et que papa était en danger. J'ai essayé de lui expliquer l'histoire du virus mais il n'a pas voulu me croire.

– C'est n'importe quoi. T'es cinglé ou quoi ?

– Viens voir l'escargot. Il te cherche partout. Pour te transmettre la maladie.

– Le jour où j'aurai peur d'un gastéropode, petit frère, les poules auront des dents.

Nous sommes descendus de l'arbre et nous avons sauté dans l'herbe.

– Je te présente Kate. Ma... enfin, ta... notre demi-sœur.

Elle s'est figée sur place.

– Quoi ?

Son cerveau fonctionnait à plein régime. Mais ça dépassait son entendement. Pour une fois, elle était bien incapable de comprendre ce qui se passait.

– Et voici mon frère Howard.

On peut dire que ça lui coupait le sifflet. Ses

yeux faisaient l'aller-retour entre Howard et moi. Elle n'y comprenait rien. Mais j'ai remarqué une chose. Tout de suite.

Howard lui plaisait.

– Et voici papy, ai-je annoncé.

Papy avait soulevé le capot de la voiture et le moteur tournait. J'ai d'abord pensé à un pépin mécanique. Mais non. Papy faisait cuire quelque chose sur la culasse du moteur. Il a attrapé ce quelque chose avec une pince et il l'a montré à mon frère.

– Salut, Howard. Tu aimes les escargots ?

Howard semblait déconcerté. Est-ce qu'il se demandait pourquoi papy ne paraissait pas autrement étonné de le voir ? Ou bien s'interrogeait-il seulement sur les habitudes culinaires de sa nouvelle famille ?

Comme pour lui répondre, papy a mis l'escargot chaud dans sa bouche et il a commencé à le mâcher avec gourmandise.

– Mmm, délicieux. Absolument délicieux.

DEUX

J'étais en état de choc. Un demi-frère dont je n'avais jamais entendu parler venait de tomber d'un arbre. J'étais stupéfaite. Estomaquée. Mais ce n'était rien à côté de papy. Il était devenu complètement fou ou quoi !

– Papy ! Crache ça tout de suite.

Il se léchait les babines.

– Hum, un régal ! a-t-il dit en mastiquant bien consciencieusement.

– Ne sois pas stupide ! Le virus n'en avait peut-être pas après toi, mais

ça ne veut pas dire qu'il ne va pas changer d'avis. Même les microbes se fâchent quand on les avale.

J'ai cherché le soutien de Randy et de Howard. Ce dernier reculait lentement en nous regardant avec des yeux tout ronds. De toute évidence, il nous prenait pour des échappés de l'asile. Une bande de dingues. Une belle-famille à qui il manquait plusieurs milliards de neurones.

Papy continuait de mâcher avec délectation.

– Tu veux te transformer en monstre ambulant ?

Tous les yeux ont convergé sur moi. Papy me regardait comme un enfant qui ne comprend pas pourquoi on le gronde, Howard me prenait pour une débile mentale et Randy semblait me considérer comme une demi-sœur sans cervelle et sans cœur.

Ce que j'étais.

Soudain, je me suis rendu compte que ce n'étaient pas les microbes qui se fâchaient tout rouge, mais moi. Papy était comme les autres. Tous ceux que j'aimais finissaient malades, blessés ou morts. Papa à l'hôpital avec une jambe blessée. Maman au fond de la rivière. Quand les membres de cette famille allaient-ils enfin apprendre à se comporter prudemment ?

Papy a avalé l'escargot.

– Miam, je pourrais en manger une douzaine.

J'ai retenu mon souffle. La maladie allait-elle se propager dans son corps, transformer sa peau en plaques violettes et achever d'embrouiller sa mémoire ? Pourvu que nous ayons vu juste, Randy et moi, au sujet de cette maladie. Elle ne contaminait que les gens unis par le sang. Et chaque nouvelle victime devait être génétiquement liée à la précédente.

Papy n'avait pas de lien de parenté direct avec Eileen, même s'il leur était déjà arrivé d'échanger leur brosse à dents. Il m'a serrée dans ses bras.

– Tout va bien, ma chérie. J'ai mangé des tonnes d'escargots quand j'étais en France pendant la guerre. Des études ont montré que quand on les cuit au-delà de cent six degrés, on tue tous les microbes.

Il s'est renfrogné :

– A moins que ça ne soit pour les cuisses de grenouille...

J'ai eu envie de le secouer comme un prunier. Tant pis pour son grand âge et pour ses dents qui risquaient de se déchausser.

Mais je ne l'ai pas fait.

Parce qu'à cet instant, je me suis aperçue qu'on avait des ennuis. Une meute d'enfants s'était rassemblée autour de nous et nous observait. Maintenant que papy avait fini son en-cas, ils regardaient tous Randy.

– Papy, ai-je murmuré, il faut qu'on sorte Randy d'ici. Les hôpitaux préviennent la police quand on enlève un de leurs patients. Ils ont probablement passé sa photo aux infos à la télé. Si quelqu'un le reconnaît, on va tous se faire arrêter.

Papy a froncé les sourcils. J'espérais qu'il réfléchissait à un moyen de partir d'ici sans qu'on se fasse trop remarquer. En tout cas, c'est ce que je faisais de mon côté. Puis Howard a fait quelque chose qui a résolu le problème.

Il a effleuré le bras de Randy, celui qui était violet à cause de l'infection.

– Tu es né comme ça ?

En comparaison, sa peau à lui semblait pâle et lisse.

Randy a regardé le bras de son frère. Les yeux pleins de larmes. Tout à coup, il a écarté le cercle des badauds et il est parti en courant.

– Vite, papy !

Nous nous sommes frayé un chemin au milieu des enfants. J'ai aidé papy à refermer le capot de la voiture. Au moment où j'allais sauter sur le siège avant, j'ai vu Howard qui nous regardait à quelques mètres de là.

Je n'avais jamais vu autant de tristesse sur un visage.

Au moment où j'ai ouvert la bouche, je savais que je faisais une erreur. Que j'allais le regretter. Je ne voulais pas d'un deuxième demi-frère. D'un garçon qui allait s'installer chez moi et planter son couteau plein de confiture dans le beurrier. Je ne voulais plus partager mon papa.

Mais Howard avait l'air si triste.

– Si tu veux en savoir plus sur tes parents, lui ai-je lancé, grimpe avec nous.

Je suis montée dans la voiture. Papy a accéléré et il a pris un virage à quarante-cinq degrés. Les enfants nous regardaient et poussaient de grands cris.

Howard ne bougeait pas. Il semblait confus et effrayé.

Papy a enfin réussi à mettre la voiture dans la bonne direction. Au moment où on allait s'engager sur la grand-route, Howard a couru nous rejoindre.

Incroyable. C'était pratiquement le sosie de Randy, en plus grand. Et il tenait une poupée à tête de pomme qui était la réplique exacte de celle de Randy.

– Bienvenue dans la famille, ai-je dit.

– Merci.

Il n'avait pas l'air fou de gratitude.

– Vous savez, a-t-il enchaîné, les gens qui se prennent la tête avec des histoires d'escargots tueurs, de vers géants ou de moutons en acier, ça se soigne. Je peux donner le nom d'un bon psychiatre pour enfants à Randy.

– Tu ferais mieux de te cacher.

Howard a baissé la tête. J'ai regardé à travers le pare-brise poussiéreux. La rue était déserte. Aucune trace de Randy.

J'avais un mauvais pressentiment. S'il se perdait ? Et si la maladie lui faisait perdre la mémoire ? Il oublierait jusqu'à son nom et son adresse. La pensée de Randy abandonné et malade comme un chien me faisait venir les larmes aux yeux.

– Peut-être qu'il est parti chercher un milkshake, a dit papy. Vous voyez un fast-food ?

– Ça m'étonnerait qu'il ait envie d'un milkshake, papy.

– Un hamburger alors ?

J'ai soupiré. Je ne savais pas comment avait évolué la maladie de Randy, mais l'état de papy semblait stationnaire.

Soudain, j'ai aperçu mon demi-frère au loin. Il a pris une rue perpendiculaire. Lorsque nous nous sommes engagés dedans, il avait de nouveau disparu. Nous avons pris un virage sur les chapeaux de roue : papy faisait de grands moulinets avec le volant tout en râlant pour ses pauvres amortisseurs. Bientôt, j'ai repéré Randy, à la limite de la ville.

Quand nous l'avons rattrapé, il était accroupi au bord de la route, à bout de souffle, en train de masser son genou handicapé.

J'ai eu un haut-le-cœur. Son état avait encore empiré. Des plaques violettes apparaissaient sur son autre bras. Elles devaient s'étendre sur tout le torse.

J'ai sauté de voiture pour aller le rejoindre. J'ai mis mon visage tout près du sien.

– Je suis désolée d'avoir dit que la maladie risquait de transformer papy en monstre. Tu n'es pas un monstre, d'accord ?

Randy n'a pas levé les yeux.

– Pourquoi ai-je été le premier contaminé ?

Il a jeté un œil en direction de Howard.

– Pourquoi pas lui ?

Howard nous regardait.

– Si c'est une allergie, j'ai déjà vu quelque chose d'approchant. D'approchant mais pas d'aussi grave. A l'orphelinat, il y avait quelqu'un qui était allergique aux colorants dans la nourriture...

Je me suis tournée vers lui.

– Tais-toi ! Tu ne vois pas qu'il souffre.

– Ouah, a fait Howard, amusé. Tu es bien jeune pour jouer les directrices d'école. Ton père travaille pour le ministère de l'Éducation ?

Je l'ai ignoré. Avoir un frère aîné, c'était exactement ce que j'avais redouté. Une vraie galère.

Je me suis retournée vers Randy. Papy le serrait dans ses bras en lui promettant un nombre astronomique de milk-shakes et de hamburgers.

J'ai inspiré un grand coup. Je n'étais pas très fière de ce que j'allais dire, mais il fallait mettre les points sur les i.

– Randy, ai-je commencé, l'escargot ne suivait pas ton père, mais ton frère, pas vrai ?

– Tu peux revenir en deuxième semaine, a ironisé Randy.

– Rappelle-toi ce qu'on disait. Nous savons que ton père est impliqué dans cette histoire d'une manière ou d'une autre. Et s'il n'est pas la prochaine cible, alors il deviendra évident que c'est lui qui a envoyé les microbes.

– C'est toi qui le dis, a grogné Randy.

Son visage changeait. La colère accélérait l'évolution de la maladie. Ses traits devenaient grimaçants.

J'ai jeté un œil vers Howard, qui faisait une drôle de tête, lui aussi. Il était stupéfait.

J'ai continué.

– Il est possible que ton père tire les ficelles de cette histoire. Jusqu'à ce qu'on soit fixés avec certitude, il faut qu'on reste sur nos gardes, c'est tout. Pour ton bien, pour celui de ta mère et pour notre sécurité à tous.

Randy était à peine reconnaissable.

Howard ne le quittait pas des yeux. A son expression, je devinais que les vers géants et les moutons à laine d'acier ne lui paraissaient plus comme d'invraisemblables délires.

– Tu es jalouse, c'est tout, s'est énervé Randy. Tu es jalouse parce que mes deux parents sont encore en vie.

Je me suis mordu la lèvre avant de dire ou de faire quelque chose que je regretterais encore plus que d'amener Howard avec nous.

– Mon père n'est pas du côté des méchants. Tu verras quand on l'aura trouvé.

Il a baissé la voix.

– Tu verras...

J'ai contemplé un moment ce demi-frère défiguré, qu'il serait impossible de reconnaître même s'il portait un badge à son nom. Ce quasi-étranger était la seule personne au monde qui pouvait m'aider à découvrir la vérité sur la mort de ma mère.

– Demain, a dit papy en nettoyant énergiquement ses lunettes. On cherchera ton père demain.

– Non ! s'est exclamé Howard.

Nous nous sommes tous tournés vers lui. Ses yeux brillaient, il avait changé. Son visage avait gagné en détermination et en autorité. Je devais admettre que les fois où je m'étais imaginé un frère aîné, il avait de grands yeux marron comme ceux de Howard.

– Pas question d'attendre demain. Je veux partir tout de suite à la recherche de papa.

TROIS

Il faisait presque nuit. Papy, cette grande perche de Kate, Howard et moi nous nous sommes entassés dans la voiture. J'ai pris place à côté de papy. Kate et Howard se sont serrés sur la banquette arrière. Nous étions morts de fatigue. La journée avait été on ne peut plus remplie.

On aurait dû avoir des tas de choses à nous dire. Nous étions absorbés dans nos pensées tandis que papy nous conduisait à travers la nuit. Chacun avait des raisons de sombrer dans la mélancolie. J'étais obsédé par le désir de trouver mon père. Je ne pouvais pas croire qu'il ait envoyé les vers contre moi. Les microbes ne cherchaient-ils pas à le supprimer lui aussi ? Maintenant que papy avait mangé l'escargot contaminé, Howard n'avait sans doute plus rien à craindre. Mais papa était peut-être en danger en ce moment même.

J'ignorais à quoi pensait Howard. Il venait d'apprendre qu'il avait un frère. Que la mère qu'il n'avait jamais connue était à l'hôpital, gravement malade. Et que son père était menacé. Pauvre de lui. Il devait vivre un enfer.

Et Kate. Elle voulait absolument savoir ce qui s'était passé le jour où sa mère était morte au volant de son bus. Si seulement je pouvais me le rappeler ! Je lui aurais tout raconté.

Et papy. Il avait du mal à distinguer le vrai du faux. Mais sa fille s'était noyée dans des circonstances mystérieuses. Lui aussi aurait donné cher pour savoir ce qui lui était arrivé.

Par moments, papy déraillait. A d'autres, il disait des choses très sensées. Mais la plupart du temps, il gardait ses pensées pour lui. Et j'avais le sentiment qu'il réfléchissait beaucoup plus qu'il ne voulait bien le dire.

Finalement, Kate a rompu le silence. Avec son aplomb habituel.

– L'escargot en avait après Howard. Il ne pouvait pas s'intéresser au père de Randy.

– Et pourquoi donc, s'il te plaît ?

– Parce qu'il n'a aucun lien avec ta mère.

– Ils étaient mariés ! ai-je aboyé. Même qu'on était heureux, avant la belle-famille. Si tu n'appelles pas ça un lien !

Kate a secoué la tête avec exaspération.

– D'accord. N'empêche qu'Eileen et ton père ne sont pas parents par le sang. On n'a pas le droit de se marier avec un membre de sa famille.

Elle avait raison. Ça me faisait mal de l'admettre, mais elle avait raison.

– Autrement dit, ce n'est pas la peine de voler au secours de ton père. Il n'a pas besoin d'aide.

– Mais on veut quand même le retrouver.

– Pourquoi ?

Howard a répondu à ma place :

– Parce que c'est notre père.

Ça a cloué le bec de Kate pendant un moment. Mais pas pour longtemps.

– Il a envoyé les deux poupées à tête de pomme, a-t-elle repris en lorgnant sur celle de Howard. Karl doit en savoir long sur cette maladie. Après tout, le ver a écrit son nom. Mais comment retrouver sa trace ?

– Très juste, a dit papy. Où est la boussole ?

– Tu l'as mangée.

Papy a secoué la tête.

– Je suis vieux et fatigué. Je ne sais plus ce que je fais. Mais je devais avoir rudement faim pour manger une boussole. Je me demande si je vais réussir à digérer l'aimant.

Le silence est retombé. Kate n'avait aucune envie de retrouver notre père. Ce qu'elle voulait, c'était rester près de moi jusqu'à ce que je me souvienne de ce qui s'était passé dans le bus le jour de l'accident. C'était l'unique raison de son intérêt pour moi.

Papy a freiné et s'est arrêté en bordure d'un bosquet d'arbres. Il faisait noir. Les bruits de la nuit résonnaient autour de nous. Les grillons grésillaient, les feuilles des arbres bruissaient légèrement. Un wallaby a bondi quelque part dans les buissons.

– Pas la peine de gaspiller notre essence, a déclaré papy. Il ne nous en reste plus beaucoup, on ferait mieux de décider d'abord où on va.

Soudain, un jet de liquide a arrosé le pare-brise et le capot. Papy est sorti d'un bond et a levé le nez vers les branches.

– Un opossum ! Une saleté d'opossum est en train de nous pisser dessus.

Il s'est mis à essuyer le capot avec sa manche.

– Ce truc vous ronge la peinture.

Dans la voiture, nous avons tous éclaté de rire. Tout à coup, il n'y avait plus ni demi-frères, ni demi-sœur, ni enfants adoptés ou jaloux. Il n'y avait plus que trois amis qui piquaient un bon fou rire.

– Eh, une minute, a dit Kate.

Reprenant son sérieux, elle s'est emparée du bonhomme de Howard.

– Passe-moi le tien, Randy.

J'ai allumé le plafonnier et j'ai sorti ma poupée.

Les deux poupées n'étaient pas toutes

neuves. Elles étaient usées et déformées à force d'être transportées partout.

– La mienne est arrivée par le courrier, il y a des années, a expliqué Howard. Le paquet avait été posté dans la capitale.

– Le mien aussi ! C'est peut-être là qu'habite papa.

Kate a examiné minutieusement les deux poupées.

– Les vêtements sont faits main. Pas de marque.

Elle avait raison. Les coutures étaient grossières, très différentes de celles qu'on peut faire en usine. Les poupées portaient les mêmes pantalons et les mêmes vestes bleu marine. Un uniforme rigoureusement identique, à un détail près. Sur la poche de ma poupée, on lisait les lettres AMP.

– AMP... Ça ne veut rien dire.

Howard a regardé la sienne. Les lettres ACO étaient cousues sur la poche.

– ACO ? Ça ne veut rien dire non plus.

– Vous deux, vous n'êtes pas frères pour rien, a estimé Kate. Vous ne comprenez pas ?

Les deux uniformes ont été fabriqués à partir du même morceau de tissu. Réunissez les lettres.

– ACOAMP ? ai-je lu. Ça ne veut toujours rien dire, grosse maligne.

Dehors, papy était occupé à ramasser quelque chose sur le capot de la voiture. Puis il est revenu s'installer au volant.

– Essaie dans l'autre sens.

– AMPACO ? Qu'est-ce que c'est ?

– Une raffinerie de pétrole, a expliqué papy. C'est là que Karl travaillait.

– Quoi ? nous sommes-nous tous écriés en chœur. Tu ne pouvais pas nous le dire plus tôt ?

– J'avais une bonne raison. Enfin, je sais que j'avais une bonne raison de ne pas vous en parler. Le problème, c'est que je ne me rappelle plus laquelle. Oh, oui. Quand ils ont fermé...

– Eh ! s'est exclamée Kate. Regarde un peu ta poupée, Randy. Elle se transforme !

Nous avons tous regardé.

– Je ne vois rien, a dit Howard.

– Si, a insisté Kate. Il lui pousse des doigts.

J'ai serré ma poupée contre ma poitrine. Kate a essayé de la reprendre mais j'ai tenu bon.

– Des drôles de doigts. Sans ongles.

Kate les a touchés puis elle a retiré la main.

– Berk ! On dirait des... des vers de terre ou quelque chose comme ça.

J'ai soulevé l'uniforme bleu. En fait de doigts, c'étaient des pousses qui sortaient de la pomme. Elles couraient le long des manches et s'échappaient par les poignets.

– Il a toujours eu des doigts ? a demandé Howard.

– Non, a dit Kate. On ferait mieux de s'en débarrasser. Et vite.

J'ai serré mon bonhomme encore plus fort. C'était tout ce qui restait de notre père. Pas question que je jette le mien.

– Pourquoi faudrait-il qu'il s'en débarrasse ? a demandé Howard d'une voix tendue.

– C'est peut-être un espion, a lancé papy. Quand on coince un espion, il faut toujours le passer par les armes.

– Il pourrait y avoir d'autres vers à l'intérieur, a ajouté Kate.

– Non ! me suis-je écrié. Ils sont tous partis. C'est juste la pomme qui a un peu poussé. Et alors ? J'ai vu des patates faire la même chose. C'est juste quelques bourgeons.

– En ce qui me concerne, a dit Howard, j'ai encore du mal à croire à cette histoire de vers géants. Je n'ai pas l'intention de jeter ma poupée et je ne vois pas pourquoi on obligerait Randy à le faire.

Kate s'est mise à donner des coups de poings sur la banquette.

– Vous deux ! Vous êtes... vraiment... mais vraiment...

Elle faisait de gros efforts pour rester polie.

Papy a essayé de la calmer. Il lui a présenté un morceau de journal tout chiffonné.

– Eh, voilà de quoi remonter le moral des troupes. Quelqu'un veut une amande enrobée de chocolat ?

Kate a examiné ce calumet de la paix que lui tendait papy. Elle en a pris une et l'a fourrée dans sa bouche.

J'ai regardé le contenu du papier avec attention.

– Euh, non merci.

Kate a poussé un cri et elle a jailli de la voiture. Elle s'est mise à cracher et à tousser comme si elle s'étranglait.

– Tu savais, Randy ! Espèce de pourri. Tu savais !

– Qu'est-ce qu'elle a ? a demandé Howard.

J'ai éclaté de rire. A m'en décrocher la mâchoire.

– Les opossums, ai-je expliqué en me tenant les côtes. Ils ne font pas que pisser...

QUATRE

Nous avons décidé de camper pour la nuit. C'était mon idée. Je voulais montrer au Vermisseau qu'il fallait plus qu'une crotte d'opossum pour me décourager.

– Si vous voulez mon avis, il vaut bien mieux dormir ici, plutôt que se forcer à rouler, finir dans le décor, faire des tonneaux et se tuer.

Personne n'a contesté mon point de vue, pas même Randy. Il prouvait ainsi que son cerveau fonctionnait encore, ce qui était un soulagement. A sa façon de ricaner bêtement à propos des amandes au chocolat de papy, je commençais à me demander si la maladie et le manque de sommeil n'étaient pas en train de lui transformer la tête en éponge.

Soudain, il est devenu sérieux :

– Howard devrait dormir dans la voiture.

Aucune objection non plus à cette suggestion. Pas même venant de Howard, qui était pourtant le plus grand de nous tous et qui serait donc le plus à l'étroit dans la voiture. Mais il valait mieux qu'il se réveille avec quelques courbatures, plutôt que de s'exposer aux attaques du virus.

Tandis que Randy et papy sortaient de la voiture, Howard s'est raclé la gorge.

– Hum, merci de m'avoir emmené avec vous. Je préfère risquer mourir pour essayer de voir mes vrais parents que rester enfermé dans cet orphelinat.

Les yeux de Randy ont brillé. Ces dernières heures, son visage était redevenu presque normal.

– Dans cette famille, on ne laisse personne sur le bord de la route.

C'était gentil de sa part de dire ça, même si

ça n'avait pas été vraiment le cas jusqu'à cet après-midi...

– Allons donc, a dit papy à Howard. Un jeune gaillard comme toi ne devrait pas parler de la mort. Pense donc à autre chose, tu vas peut-être bientôt te marier.

Howard a rougi.

– Je n'ai que quinze ans.

Ça m'a fait tout drôle de voir Howard rougir. Comme une bouffée de chaleur.

Puis j'ai eu une pensée affreuse. Est-ce qu'on mettait des gamins de quinze ans en prison ? En s'enfuyant de son orphelinat, il s'était peut-être mis hors la loi. Je lui ai demandé ce qui arriverait si la police ou les services sociaux le rattrapaient.

– Je passerais sûrement un sale moment.

– Ne t'inquiète pas, on veille sur toi.

Ça faisait bizarre de rassurer un garçon plus âgé, mais Howard m'a fait un sourire plein de reconnaissance.

– Papy, je crève de faim, a dit Randy. Toi et Kate, ça va, vous avez grignoté, mais Howard et moi on n'a rien mangé du tout.

– Très drôle, ai-je fait.

– J'avais bien un gâteau au chocolat dans le coffre, a dit papy, songeur. Mais c'était il y a plusieurs années.

Puis il a eu une idée.

– Eh, on pourrait attraper cet opossum et le faire rôtir !

Randy a expliqué que tout compte fait il n'avait plus très faim.

– Au moins, nous avons de l'eau, a continué papy.

Nous avons tous dressé l'oreille.

– Dans le radiateur de la voiture.

Nous avons tous bougonné.

Mais papy nous a promis qu'il n'avait pas ajouté d'antirouille, alors on en a bu quelques gorgées. C'était toujours mieux que rien.

Nous avons fait un feu de bois. Puis nous avons sorti une bâche et de vieilles couvertures du coffre et nous avons improvisé trois couchettes par terre, plus une dans la voiture.

– Bonne nuit, a dit Howard.

J'ai déblayé quelques cailloux de sous ma couverture, j'ai contemplé le feu un moment en rêvant de sandwichs au curry et à l'œuf, avec des chips, puis j'ai essayé de trouver le sommeil.

Malgré la fatigue, ça n'était pas facile. La couverture sentait l'huile de moteur, et l'eau du radiateur rouillé n'avait pas effacé le goût de la crotte d'opossum.

Je m'inquiétais encore pour papy. Si l'escargot était plus résistant que ses sucs digestifs ? S'il était en train de barboter dans son estomac, à répandre ses microbes ? Une personne âgée n'avait peut-être plus les armes nécessaires pour résister à cette maladie.

Les buissons voisins produisaient des bruits étranges. Je les ai écoutés un moment avec anxiété. Puis je me suis forcée à me calmer. Les vers géants, les moutons et les grenouilles étaient tous morts. Le seul moyen pour qu'une autre créature soit contaminée et qu'elle nous attaque serait qu'elle soit entrée en contact avec Eileen.

Pourvu que les rideaux en plastique de l'hôpital ne soient pas aussi troués que la couverture de papy !

Eileen m'a fait penser à papa. Était-il toujours à l'hôpital avec son entorse au pied ? Ou bien était-il parti à notre recherche accompagné de policiers ? Était-il en colère ou inquiet, ou les deux à la fois ? Je me suis retournée, en me cognant la hanche sur un caillou que j'avais oublié de retirer. Ah, si seulement il y avait des cabines de téléphone au milieu de nulle part !

Puis les choses se sont gâtées. De papa, je me suis mise à penser à maman. J'ai pleuré sans bruit. Je pensais souvent à elle le soir. Je me demandais si elle avait vraiment été la maman merveilleuse dont j'avais gardé le souvenir, ou bien si elle m'avait joué la comédie et qu'elle était en fait une alcoolique suicidaire comme certains le prétendaient.

A ma droite, papy ronflait paisiblement. De l'autre côté, la silhouette de Randy était immobile et silencieuse.

– Randy, ai-je murmuré. Tu dors ?

– Je dormirais, si tu arrêtais de jacasser.

– Je me demandais si tu aurais des visions de maman cette nuit.

– Comment veux-tu que je sache ? Ce n'est pas comme à la télé. Il n'y a pas de programme. Je ne peux pas consulter le journal et te dire « 21 h 30 : la maladie de Randy lui procure de nouvelles hallucinations et il découvre enfin pourquoi la mère de Kate s'est tuée en jetant son bus du haut de la falaise... »

– Désolée.

J'étais déçue, mais je me sentais aussi un peu coupable. Incroyable comme on a vite tendance à oublier que quelqu'un souffre d'une maladie horrible quand on est soi-même bien portant.

J'ai dû m'endormir, parce que peu après, je me suis réveillée en sursaut.

J'entendais des mouvements tout près. Des bruits de brindilles écrasées.

Je n'ai pas bougé.

Sous la faible clarté de la lune, je pouvais tout juste distinguer deux silhouettes. Plus grosses que des moutons. Plus grosses même que des vers géants.

Une pensée affreuse m'a traversée. Et si les grenouilles n'étaient pas toutes mortes ? Si elles revenaient à l'attaque ? Randy et papy avaient déjà vaincu une grenouille géante. Pourquoi n'y en aurait-il pas deux cette fois ?

A tâtons, j'ai cherché une arme. Un bâton, les chaussettes sales de Randy, n'importe quoi. J'aurais donné une montagne de sandwichs au curry et à l'œuf en échange d'une barre de fer.

Rien.

Puis une des ombres a parlé.

– Excuse-moi, petit. Quand ta vessie sera aussi vieille que la mienne, tu verras qu'il faut souvent la vidanger.

– Pas de problème, papy. J'ai un besoin pressant, moi aussi.

J'ai poussé un long soupir de soulagement en reconnaissant Randy qui emmenait papy faire pipi dans les arbustes.

Trois secondes plus tard, je me suis de nouveau contractée. Et si Eileen avait infecté un autre animal ? Si l'hôpital avait des cafards ? Ils pouvaient entrer et sortir de sa chambre, même avec une porte équipée de jointures en caoutchouc. J'ai frissonné en imaginant des cafards géants courant vers nous, à travers la campagne, les yeux remplis de haine.

Ou des punaises. Il y avait peut-être des punaises dans cet hôpital. Elles pouvaient s'échapper quand on changeait les draps. Je ne savais même pas à quoi ressemblait une punaise, mais mon sang s'est figé quand j'ai imaginé une punaise de vingt mètres de haut tenant Howard dans sa gueule.

Ou des araignées. Ou des serpents. Ou le chat du gardien de l'hôpital.

Soudain, les bruits dans les arbres se sont intensifiés. Qu'est-ce que c'était ? On aurait dit une créature horrible en train de faire des gargouillis avec sa salive. Mais je n'entendais pas bien à cause des battements de mon cœur qui résonnaient à mes oreilles. J'ai scruté en vain les ténèbres. Je ne voyais que les silhouettes sombres des arbres.

Puis je me suis rendu compte que Randy et papy n'étaient pas revenus ! J'ai ouvert la bouche pour les appeler mais je me suis ravisée aussitôt. Mieux valait ne pas attirer l'attention. Je ne me souvenais plus si les cafards avaient des oreilles.

Je me suis levée, tremblante, et j'ai résisté à

une forte envie d'aller réveiller Howard. Ça ne serait pas une bonne chose à faire car il était plus susceptible d'être attaqué que n'importe lequel d'entre nous. J'ai donc suivi seule la direction qu'avaient prise Randy et papy. Bientôt je me suis trouvée au milieu des arbres.

A nouveau, j'ai entendu ce bruit de salive et je me suis rappelé la description qu'avait faite Randy de la grenouille géante et de sa langue baveuse.

– Oh, non, les grenouilles sont de retour.

La nuit crépitait. Des cris aigus retentissaient et j'étais incapable de dire s'ils étaient poussés par de minuscules gorges innocentes ou par de larges gueules affamées. Des filets humides ont caressé mon visage et je ne savais pas si c'étaient de la rosée ou de la bave de crapaud.

Prise de panique, je me suis mise à courir. Puis à me débattre dans les fourrés qui tentaient de m'agripper. Enfin, j'ai émergé des buissons. Plusieurs ombres massives se détachaient sur le ciel éclairé par la lune. Mon

Dieu, faites que ce soient des arbres ! Au bord de l'évanouissement, j'attendais le claquement d'une langue énorme.

Quelque chose de long et de sombre s'est déployé devant moi. J'ai étouffé un cri.

– Et là, tu vois, c'est la Croix du Sud, a dit la voix de papy. Ma préférée.

C'était un bras. Le bras de papy, pointé vers le ciel.

– Ouah, s'est extasié Randy.

Je n'en croyais pas mes yeux. Ils regardaient les étoiles. Pendant que je réduisais mon temps de vie pour cause de stress, ces imbéciles contemplaient les étoiles.

J'y ai vu un peu plus clair. Les grandes masses sombres étaient bien des arbres, pas des grenouilles. Encore toute tremblante, je me suis adossée contre l'un d'eux.

Étouffer un cri de terreur n'avait pas été facile, mais il m'a fallu encore plus d'efforts pour retenir mon envie d'étrangler Randy. Je ne savais pas ce qui me faisait le plus enrager, le fait que la contemplation des étoiles lui paraisse plus importante que la vérité sur la mort de ma mère, ou bien ce moment d'intimité qu'il partageait avec papy.

J'étais sur le point de lui apprendre cette croyance ancienne selon laquelle les étoiles seraient en fait les âmes de demi-frères égoïstes, condamnés aux remords éternels. Mais un incident m'en a empêchée.

Des cris de terreur ont retenti du côté de la voiture.

– C'est Howard ! me suis-je exclamée.

Randy et papy m'ont regardée, surpris de me trouver là. Puis nous avons couru vers la voiture.

J'ai ouvert la portière arrière. La couverture ramenée sur le menton, le visage livide sous l'ampoule jaune du plafonnier, Howard était en nage.

– Mes parents... Ils sont tous morts.

Je lui ai pris la main.

– Ce n'était qu'un rêve.

– Un cauchemar, a corrigé papy. Ça m'arrive souvent quand je prends une boisson chaude avant d'aller au lit.

J'ai dit à Randy et à papy de retourner se coucher. Pas la peine de rester tous debout.

– Viens, papy, a grogné Randy, boudeur. Je crois qu'ils veulent être seuls.

Howard s'est blotti sur la banquette arrière et je me suis assise devant. Je lui ai parlé de sa mère, qui était une personne adorable malgré son caractère de cochon et son habitude de laisser la salle de bains en désordre. Puis je me suis surprise à lui demander s'il avait une petite amie. Il a dit qu'il y avait une fille au foyer qu'il aimait bien, mais il ne pensait pas la revoir un jour.

– Et toi ? Tu as un petit ami ?

Heureusement, dans le noir, il ne pouvait pas me voir rougir.

– Non. Je n'ai pas vraiment eu le temps d'y penser.

Howard n'a rien dit, mais j'ai senti qu'il ne me croyait pas tout à fait. Alors je lui ai raconté toute la vérité. Je ne sais pas pourquoi. Des choses que je n'avais jamais confiées à personne, même pas à papa. Que j'attendais avec impatience de grandir pour ne plus avoir l'air d'un garçon manqué. Que j'avais peur d'être condamnée à la solitude. Si les rumeurs sur ma mère étaient vraies, alors je serais probablement punie d'une manière ou d'une autre pour avoir eu une mère aussi méchante.

Quand je me suis tue, Howard dormait. Aucune importance. De toute façon, j'avais trop parlé.

Les yeux fermés, le visage légèrement crispé par le sommeil, il paraissait presque aussi jeune que Randy. Je me suis demandé si on arriverait à le protéger du virus. J'espérais bien que oui. Il semblait si triste et il avait eu une vie si tragique que je me serais volontiers sacrifiée pour lui.

Si j'attrapais la maladie, j'aurais au moins une chance de découvrir la vérité sur la mort de ma mère.

CINQ

Le camping, c'est génial. Mais quand on n'a qu'une vieille couverture à même le sol et pas d'oreiller, c'est l'enfer. L'aube a été annoncée par le cri des martins-pêcheurs. Je me suis levé, frissonnant, et j'ai essayé de soulager un début de torticolis. Papy ronflait comme s'il était à la maison, dans son lit douillet.

La brume se faufilait entre les arbres pour aller rejoindre un long nuage qui flottait au raz du sol. A côté de la voiture, ma poupée à tête de pomme se tenait au garde-à-vous, contemplant le paysage comme une sentinelle immobile. La paix. Le calme parfait.

« Ce serait drôlement bien si on pouvait s'installer ici, me suis-je dit. Attraper des lapins et écouter les oiseaux. Sans virus. Ni vers géants. Aucun souci. »

Puis mon cœur s'est alourdi. Sans maman. Et sans papa.

Toute ma sérénité s'est évanouie. Il fallait reprendre la route. Aller jusqu'au bout. Emmener Howard dans un endroit sûr avant qu'un animal ne l'infecte. Et il fallait trouver papa. S'il était encore en vie. Découvrir la clé de l'énigme. Je me suis approché de la voiture et j'ai regardé à l'intérieur.

Kate dormait à poings fermés. Son visage semblait doux et paisible. Elle m'a paru encore plus jolie endormie qu'éveillée.

Une douleur subite m'a arraché une grimace. J'ai senti les microbes se réveiller en moi. Les élancements ont recommencé dans mon bras. Brusquement, le monde me paraissait sinistre.

Qu'est-ce qui m'arrivait ?

La jalousie. Voilà l'explication ! Kate avait passé la nuit entière dans la voiture en compagnie de Howard.

Elle s'était endormie avec un bras passé par-dessus le siège. Sa main reposait sur le genou de Howard. Et ça ne me plaisait pas. Mais alors pas du tout. J'étais son premier demi-frère. C'est sur moi qu'elle aurait dû poser la main. Pas sur lui. Elle le trouvait sans doute plus intéressant que moi. La colère a grandi en moi.

– Eh, vous deux ! Debout là-dedans. Il faut partir.

J'ai tapé comme un sourd sur le toit de la voiture. Kate et Howard se sont redressés en sursaut.

– Hein ? Qu'est-ce qu'il y a ?

– C'est l'heure de partir.

– Du calme ! a dit Kate. Il fait encore à peine jour.

J'ai essayé de contrôler ma jalousie. Après tout, Howard était mon frère. Et puis je me fichais bien de Kate ! Elle n'était qu'une demi-sœur casse-pieds, au joli nez retroussé.

– Qu'est-ce qu'il y a pour le petit déjeuner ? a demandé Kate à Howard.

– Des escargots, ça te dirait ?

Elle a secoué la tête et elle a ri comme si c'était la blague de l'année.

– Et des amandes enrobées de chocolat ? ai-je demandé.

– Très amusant, a fait Kate.

Mais personne n'a ri.

Je me suis éloigné, tout penaud. Ma poupée était toujours au garde-à-vous. Mais elle avait changé.

Ses doigts avaient poussé. En fait, ils touchaient terre.

– Eh !

– Quoi ? a demandé Kate.

J'ai ouvert la bouche mais aucun son n'est sorti. Je ne pouvais pas leur dire. J'étais incapable de prononcer un mot. Comme si une bataille se livrait dans ma tête. Je voulais hurler : « Les doigts de la poupée sont en train de pousser. L'escargot a dû l'infecter quand j'étais dans l'arbre. Les microbes peuvent aussi contaminer les plantes. »

Mais je n'ai rien dit.

La maladie avait atteint mon cerveau. Elle essayait de s'en emparer. De le plier à sa volonté. En se nourrissant de ma jalousie. D'horribles pensées emplissaient ma tête. Kate et Howard s'unissaient contre moi. Tout ce qu'elle voulait, c'était que je me rappelle ce qui était arrivé à sa mère dans le bus. Après, elle tenterait probablement de se débarrasser de moi. Kate détestait ma poupée. Si je lui parlais des doigts, elle m'obligerait à la détruire pour rester seule avec Howard. Et elle n'aimait pas mon père. Elle se fichait bien qu'il soit contaminé ou pas.

Papa m'avait donné ce bonhomme à tête de pomme. C'était mon ami. En uniforme bleu marine. Ses doigts poussaient, et après ? C'était pour nous tendre une main secourable.

Voilà comment fonctionnait mon cerveau. Et toutes les pensées délirantes qui se bousculaient dans ma tête me semblaient parfaitement normales.

Alors je n'ai rien dit. Sous mes yeux, l'index droit de la poupée s'est allongé comme une liane. Je n'ai rien dit lorsqu'il s'est mis à serpenter lentement mais sûrement en direction de papy, qui dormait encore.

Plus près, plus près...

Je n'ai toujours pas bougé. Les avertissements que je voulais crier ne sortaient pas de ma bouche.

Le doigt – non, ce n'était pas un doigt. C'était une tige. Ou une racine. Quelque chose comme ça. En tout cas, elle avait presque rejoint papy. Elle s'est faufilée jusqu'à la tasse dans laquelle il avait mis son dentier. Elle a grimpé sur le bord et s'est glissée à l'intérieur. Elle buvait l'eau.

Papy ronflait. Kate et Howard se regardaient comme deux tourtereaux béats. Ils n'avaient rien vu.

Je luttais. Oh, je luttais de toutes mes forces contre cette infection qui envahissait mon cerveau.

La racine a rampé vers papy. Allait-elle s'introduire dans son oreille ? Ou dans sa bouche ? Allait-elle le boire ?

Les mots refusaient toujours de sortir. Finalement, j'ai réussi à pointer un doigt.

– Aah...

C'est tout ce que j'ai pu dire. Une sorte de cri étouffé.

Kate et Howard se sont retournés. Ils ont regardé. Et ils ont écarquillé les yeux. Mais ce n'était pas la poupée qui retenait leur attention. C'était moi. Qu'est-ce que j'avais ? Soudain, j'ai compris. Mon visage devait être tout déformé. J'étais défiguré par les pensées noires qui bouillonnaient sous mon crâne.

J'ai obligé mes pieds à avancer. Comme un ivrogne, j'ai titubé vers papy.

– Aah ! Aah...

Soudain, papy s'est redressé. Il a sorti de sa poche le petit canif argenté dont il se sert pour éplucher les pommes et les poires. Il a ouvert la lame et, d'un coup rapide, il a tranché le bout de la racine.

– Prends ça ! Un Finnigan ne dort jamais quand il est de garde. Je t'ai à l'œil depuis un bon moment déjà.

Kate a poussé un cri. La racine fouettait l'air et s'entortillait sur elle-même comme un ver coupé en deux.

– Vite, dans la voiture ! a crié papy.

J'ai jeté un regard vers ma poupée. Plusieurs doigts touchaient maintenant le sol. Ils s'enfouissaient dans la terre. Ils en absorbaient l'humidité. Un doigt de la main gauche serpentait en direction de la voiture. De plus en plus vite.

Kate a pris papy par l'épaule et l'a poussé vers le véhicule. Mais il s'est dégagé pour courir jusqu'à sa tasse.

– Je ne pars pas sans mes dents.

Attrapant son dentier, il l'a fourré dans sa bouche. Puis, d'un pas mal assuré, il s'est précipité au volant.

Je suis resté debout à contempler la scène. Je voulais aider Kate, Howard et papy. Mais je voulais aussi aider ma poupée à les massacrer. Horribles pensées... Que faire ? « Réfléchis. Pense à quelque chose de beau. Pense à la paix, à l'amour. »

J'ai admiré les arbres qui se balançaient dans la brume matinale. J'ai écouté le chant joyeux des martins-pêcheurs qui s'éveillaient. J'ai revu le sourire de ma mère lorsqu'elle me lisait une histoire le soir. J'ai pensé à Kate, à ses éclats de rire et à ses mains douces.

Alors j'ai tourné le dos à mon vieux copain,

l'homme à tête de pomme, et j'ai couru rejoindre mes amis dans la voiture. Pour moi, c'était un déchirement, mais le sentiment d'urgence a été plus fort que ma tristesse.

– Vas-y ! ai-je crié à papy. Fonce !

Papy a démarré, il a enclenché la première puis il a lâché la pédale d'embrayage. Les roues arrière se sont mises à patiner.

– Plus vite ! s'est écriée Kate.

Plus vite ? Nous n'aurions pas eu de mal à aller plus vite. Nous n'avions pas bougé d'un centimètre !

J'ai jeté un œil par la vitre arrière, et j'ai vu une épaisse fumée. Une odeur âcre de caoutchouc brûlé m'a piqué les narines.

– Qu'est-ce qui se passe ? a demandé Howard. Le moteur prend feu ?

– Non. Les roues tournent. Ce sont les pneus qui crament. Arrête, papy. Arrête.

C'était comme si l'arrière de la voiture était attaché à un arbre par une corde. Sauf que ça n'était pas une corde, mais un doigt. Ou plutôt une racine. Une partie de la poupée, une horrible plante rampante s'était enroulée autour de notre pare-chocs arrière. La voiture était clouée sur place.

Howard était à l'avant avec papy, j'étais derrière avec Kate. Mon visage redevenait normal, je le sentais. Était-ce parce que j'avais fait le bon choix en sacrifiant ma poupée ? Une bonne action avait-elle le même effet sur la maladie que des pensées relaxantes ?

J'ai pris la main de Kate et je l'ai serrée, mais elle n'a pas semblé s'en apercevoir. Elle avait sans doute l'esprit absorbé par cette racine cramponnée au pare-chocs.

– Cette voiture est pleine de trous ! a-t-elle crié.

– Ici par exemple, a annoncé Howard.

Avec un sang-froid étonnant, il montrait une pousse verte qui se faufilait à l'intérieur par un trou creusé par la rouille à la charnière de la porte.

Il a pris la chaussure de la mère de Kate et en a donné un bon coup sur la racine. D'un geste calme et précis, sans le moindre énervement. Mais le végétal ne semblait pas impressionné. Il continuait d'entrer. Comme un cobra qui sort la tête de son panier quand le charmeur de serpents joue de la flûte.

– Donne-moi ça ! a crié Kate.

S'emparant de la chaussure, elle l'a agitée sous le nez de la racine, qui a aussitôt reculé. Elle a disparu dans le trou comme si elle avait été aspirée.

J'en suis resté bouche bée. Dans la main de Kate, la chaussure semblait dotée d'un pouvoir particulier.

Elle avait chassé l'intruse. Mais la poupée préparait un nouveau coup. Une longue pousse rampait déjà sur le sol. Les plantes ont besoin d'eau. Et celle-ci avait soif. Une soif de poivrot.

– Bon, a fait papy. On dégage d'ici.

Il s'est mis en marche arrière et il a reculé vers ma poupée. La racine qui s'était fixée à la voiture s'est détendue. Papy a passé la première et a fait rugir le moteur.

– Mets la gomme, papy !

La voiture a bondi en avant comme une Ferrari sur la grille de départ.

– A fond ! ai-je crié tandis que nous filions,

perdus dans la fumée et sous une pluie de graviers.

Lorsqu'il n'y a plus eu de mou, la racine s'est soudain raidie comme la corde d'un arc.

Tchac ! Le pare-chocs a été arraché. Toujours retenu par la racine, il a exécuté un triple saut périlleux arrière.

Nous avons foncé sur la route comme un bolide surgi de l'enfer. Papy a souri :

– Hourra !

Mais c'était crier victoire trop tôt. Par précaution, j'ai regardé derrière.

– Oh non...

La racine nous suivait. Elle grandissait à vue d'œil, se déployant à nos trousses comme un lasso.

– Plus vitc, papy. Appuic sur l'accélératcur !

La voiture cahotait et zigzaguait sur la route. La végétation devenait plus clairsemée, le paysage de plus en plus sec. Toute la nuit, nous avions campé sans voir passer une voiture. Si seulement nous pouvions en croiser une maintenant. Mais je savais que c'était peu probable. Nous étions seuls. A l'orée du désert.

Le compteur affichait quatre-vingt-dix kilomètres à l'heure. Papy a lu dans mes pensées :

– Je suis au maximum, Randy.

Derrière nous, la pousse se rapprochait à toute vitesse.

– Elle nous rattrape !

Soudain, la racine a tapoté à la vitre arrière comme la mort frappant à la porte du condamné. J'en ai eu des frissons dans le dos. Kate a poussé un cri.

– C'est après moi qu'elle en a ? a demandé Howard.

Je n'ai pas eu le temps de lui répondre. La racine a disparu pour agripper l'attache de la remorque.

La voiture a été stoppée dans son élan comme si elle venait de heurter un mur de brique.

SIX

Le choc a été si violent que mon menton a touché ma poitrine. Puis ma tête a basculé pour repartir violemment en arrière.

J'avais de la purée à la place du cerveau.

Quelque chose me tenait par la taille et, l'espace d'un instant, j'ai cru que c'étaient les bras de maman. Merci, maman. Sans toi, je serais passée par-dessus le siège avant et à travers le pare-brise.

J'ai repris mes esprits. J'ai baissé les yeux. Ce n'était que la ceinture de sécurité. Je pouvais quand même remercier maman : c'était elle qui avait insisté auprès de papy pour qu'il fasse installer des ceintures à l'arrière.

– Qu'est-ce qu'on a heurté ? a grommelé papy.

– Rien, a répondu Randy. La racine a attrapé l'attache de la remorque.

– Saleté de remorque, a maugréé papy. J'aurais dû écouter Louise. Elle disait toujours que c'était stupide de mettre une attache de remorque sur une si petite voiture.

– Redémarre, papy ! Vite.

– Inutile, a dit Howard. Même si on arrive à se dégager de la racine, elle nous rattrapera : elle est plus rapide que nous.

– Il a raison.

Nous avons entendu des grattements suspects sous la voiture. La racine rampait sous le châssis, cherchant un moyen de s'infiltrer dans l'habitacle. J'ai attrapé la chaussure de maman mais ça ne servait à rien. Il y avait trop de passages à surveiller pour une seule chaussure.

– Bouchez tous les trous ! ai-je crié.

Nous avons enlevé nos blousons et nos chaussettes. Puis, chacun de notre côté, nous avons obstrué les coins rongés par la rouille et les espaces béants autour des pédales de frein, d'embrayage et d'accélérateur.

Nous avons retenu notre souffle.

Cric, cric. Grat, grat.

Soudain, la pousse est venue se plaquer contre le pare-brise. Elle a hésité un moment, puis elle s'est écartée de la vitre pour se balancer de gauche à droite. Son extrémité laiteuse et velue s'est tournée vers nous comme la tête d'un serpent aveugle, occupée à deviner les mouvements de sa prochaine victime.

J'ai essayé de ne pas trembler.

– Saleté, a grommelé papy. Si j'avais ma tronçonneuse, tu ne ferais plus la fière.

Ignorant la menace, la racine s'est laissée glisser sur le capot en direction de la calandre.

– Oh non, s'est alarmé Randy. Elle va essayer de passer par le tableau de bord.

Nous avons fourré d'autres chaussettes dans les trous d'aération. Je portais la même paire depuis deux jours et deux nuits. Avec un peu de chance, les microbes avaient doté la plante d'un odorat délicat

Puis nous avons entendu un autre bruit. Un grincement de métal.

– Qu'est-ce qu'elle fabrique ? a soufflé Howard.

Terrorisée, j'ai imaginé la racine en train de dévisser lentement tous les boulons et les écrous jusqu'à ce que la voiture tombe en morceaux et qu'on se retrouve le cul par terre au milieu d'un amas de pièces détachées.

Mais je m'étais trompée.

– Elle dévisse le bouchon du radiateur ! s'est exclamé papy.

Le grincement a été remplacé par un bruit de succion, comme une paille aspirant goulûment du liquide.

– Elle boit l'eau du radiateur, a dit Randy.

Papy a farfouillé sous son siège. Il en a sorti un démonte-pneu.

– On ne touche pas à l'eau de mon radiateur ! a-t-il hurlé en ouvrant sa porte.

– Non, papy !

Par la fenêtre, je lui ai montré l'étendue de la plaine désertique autour de nous.

– Presque rien ne pousse par ici. Autrement

dit, pas une goutte d'eau. Une fois que la racine aura vidé le radiateur, elle s'en prendra à toi.

Aux yeux d'une racine assoiffée, papy devait ressembler à une outre en peau de chèvre, en plus ridé.

J'ai refermé la porte de papy et je l'ai verrouillée.

Le bruit d'aspiration a cessé.

– Et maintenant ? a demandé Randy.

– Je crois que je devrais sortir, a suggéré Howard.

Nous l'avons tous regardé.

– Cette plante est ici parce qu'elle veut m'infecter. Je vous suis sincèrement reconnaissant de chercher à me protéger, mais autant en finir. Une fois que je serai contaminé, la racine va peut-être nous laisser tranquilles et nous pourrons reprendre la route.

– Non, a dit Randy.

– Pourquoi pas ?

J'ai ouvert la bouche pour donner à Howard deux ou trois millions de raisons, mais Randy a parlé le premier, d'une voix blanche :

– Parce que cette maladie est probablement incurable.

Il avait l'air tellement désemparé en disant ça, et en même temps si courageux, que j'aurais voulu le prendre dans mes bras. Je me suis abstenue : les enfants sont souvent très gênés quand on les embrasse devant leurs aînés.

– Toi et maman vous êtes contaminés, a repris Howard. S'il n'y a pas de traitement, je ne veux pas être le seul à...

Il n'a pas fini sa phrase. Sa voix s'est étranglée et ses yeux se sont emplis de larmes.

Randy s'est penché pour le serrer dans ses bras.

– Ne t'en fais pas, Howard, papa aura un remède.

J'avais très envie de demander à Randy comment Karl pourrait avoir un remède, alors qu'il était censé être la prochaine victime innocente, mais je me suis retenue.

Randy a relâché son étreinte.

– Pas question que tu sortes de cette voiture.

– D'accord.

– C'est très courageux de ta part de te porter volontaire, a fait papy. Quand nous serons sortis de cet enfer, je demanderai qu'on te décore.

Howard a esquissé un sourire. Il se prenait d'affection pour son nouveau grand-père.

Puis j'ai aperçu un mouvement à l'extérieur. Une racine toute fine et velue serpentait dans la poussière vers la porte de Howard. Bientôt, nous l'avons entendue monter le long de la carrosserie en raclant la peinture. Nous avons attendu qu'elle réapparaisse à la vitre de Howard. Mais rien.

– Où est-elle passée ?

J'ai essayé de voir par ma fenêtre. Rien.

– Peut-être qu'elle a renoncé.

Trop beau pour être vrai. Un léger grattement s'est fait entendre dans la porte de Howard. Que préparait la racine ? Nous avons tendu l'oreille.

Soudain, j'ai remarqué quelque chose qui m'a fait frémir d'horreur. La poignée intérieure vibrait légèrement. Il avait décidé de ne pas ouvrir sa porte, mais la racine se préparait à le faire pour lui.

– Dans la serrure ! Elle essaie de pousser le verrou.

J'ai explosé de colère. Comment cette saleté osait-elle menacer un garçon qui était prêt à se sacrifier pour nous ?

J'ai attrapé la chaussure de maman et je l'ai plaquée contre la porte, le plus près possible du verrou.

– Tiens, prends ça !

– Si seulement j'avais ma mitraillette, s'est lamenté papy.

Mais cette fois, la chaussure n'a eu aucun effet sur le végétal. Je ne comprenais pas. Le grattement a persisté. Puis la porte de Howard s'est déverrouillée dans un bruit sec. Je me suis jetée en avant pour maintenir la poignée en position fermée. Howard a mis ses mains sur les miennes et nous avons tenu jusqu'à ce que l'articulation de nos doigts blanchisse et que nous dégoulinions de sueur.

Randy et papy sont venus à la rescousse. Ils ont ajouté leurs mains aux nôtres. Nous sommes restés comme ça tous les quatre pendant une éternité. Il faisait une chaleur à crever, nous souffrions de crampes et, à chaque seconde, je m'attendais à voir la racine jaillir à la base de la poignée et nous lacérer la peau.

Mais quelque chose me retenait de fuir. Quelque chose d'autre que la peur, l'énergie du désespoir ou le fait que Howard, Randy et papy appuyaient si fort sur mes mains que je n'aurais pas pu les retirer même si je l'avais voulu.

Assise là, épaule contre épaule avec mes deux demi-frères, j'éprouvais une sensation inattendue. J'avais l'impression d'appartenir à une famille. C'était une sensation agréable que je voulais prolonger.

Mais la racine ne l'entendait pas ainsi.

Elle a brusquement changé de stratégie. Nous l'avons vue surgir à l'extérieur de la vitre de Howard. Elle a glissé sur le toit, descendu le long de la vitre de papy et disparu sous le châssis avant de remonter le long de ma fenêtre.

Nous sommes retombés sur nos sièges. Horrifiés, nous avons regardé la racine faire plusieurs fois le tour de la voiture. Environ une vingtaine.

– Pourquoi fait-elle ça ? a murmuré Randy.

Je n'en savais rien.

Et je ne voulais pas savoir.

SEPT

Mon bonhomme à tête de pomme paraissait plutôt normal au départ. Mais il avait hébergé des vers porteurs de virus. Et maintenant il était lui-même contaminé. Des racines s'étaient développées et la poupée s'était transformée en une plante maléfique qui voulait attraper Howard. Et elle était bien décidée à tuer quiconque se mettrait en travers de son chemin.

Ce bonhomme avait été un compagnon fidèle.

Il était devenu notre pire ennemi. J'en avais le cœur brisé. Le cadeau de papa essayait de nous tuer. Cette pensée m'était insupportable. Mais comment le nier ?

J'ai toujours eu une imagination fertile. Je peux laisser mon esprit vagabonder et m'emmener dans toutes sortes d'endroits. Et là, il était plutôt facile d'imaginer ce que cette plante rampante et grimpante était capable de faire.

Si j'essayais de protéger Howard, la racine pouvait s'enrouler autour de mon cou et serrer jusqu'à ce que les yeux me sortent des orbites. Elle pouvait me broyer la trachée pour m'empêcher de respirer.

Elle pouvait aussi attraper papy par les jambes et le tirer hors de la voiture. Puis introduire de petites pousses dans tous les orifices de son corps. J'en avais la chair de poule.

Ensuite, elle s'en prendrait à Kate. Kate était forte. Et coriace. Elle vendrait chèrement sa peau. Mais, au bout du compte, la plante aurait le dessus. Elle s'entortillerait dans ses beaux cheveux. Elle l'enfoncerait sous terre. Elle la ferait disparaître dans un terrier de lapin. Et elle l'ensevelirait à tout jamais.

Cette racine était drôlement solide. Aussi dure qu'un câble d'acier. Et chaque minute qui s'écoulait la fortifiait. De petites feuilles de pommier apparaissaient sur toute sa longueur. Elles absorbaient l'énergie du soleil et la transmettaient à la plante. De nouvelles pousses voyaient le jour. Elles s'enfouissaient aussitôt en quête d'humidité. Pour se préparer à l'assaut final.

Objectif Howard.

Qu'allait-elle lui faire ? Elle lui laisserait sans doute la vie sauve. Pour qu'il aille contaminer une autre plante ou un animal. Qui à son tour irait infecter papa.

Elle enfoncerait une jeune pousse dans sa bouche. Et il attraperait la maladie. Ou bien elle planterait une petite graine dans son oreille. Des racines en sortiraient et se frayeraient un chemin jusqu'à son cerveau. Puis elles s'insinueraient dans ses veines. En se nourrissant de sa peur et de sa colère. Et elles inoculeraient le virus dans toutes les cellules.

C'était le même travail destructeur que la maladie accomplissait en moi.

J'ai contemplé le paysage morne. Rien à l'horizon. Personne pour nous venir en aide. Le soleil martelait la voiture. Il la chauffait à blanc, nous faisant cuir à petit feu. Nous n'avions pas d'eau. Rien à manger. Plus rien à attendre. Si ce n'est la mort.

Une mort qui avait pris l'apparence d'une plante sauvage resserrant lentement son emprise sur notre prison de métal.

Une heure est passée. Puis une autre. Nous ne pouvions pas sortir. Nous ne pouvions plus rester comme ça.

– Nous avons besoin d'eau, a dit Howard. Ou nous allons tous crever de soif. Je vais sortir et me battre avec cette saleté. Ce n'est qu'une plante après tout.

– Attends, ai-je dit d'une voix pâteuse. Regardez !

Quelque chose bougeait à l'horizon. Je distinguais des silhouettes mouvantes. Oui, oui. Enfin du secours ! La cavalerie arrivait juste à temps. J'ai cligné des yeux pour mieux voir.

– Regardez ! Des 4x4 !

– Des panzers ! s'est exclamé papy.

– Non, ce ne sont pas des voitures, a rectifié Kate. Et ce ne sont pas des gens non plus.

– Oh non, pourvu que ça ne soit pas des grenouilles !

Les silhouettes ont grandi. Elles se déplaçaient sur quatre pattes. Au moins, ce n'étaient pas des grenouilles. A cette distance, on aurait dit des rochers qui roulaient. Mais lisses comme des galets. Environ une dizaine, qui s'avançaient vers nous à vive allure.

– Des cochons ! s'est écrié Howard. Des cochons sauvages.

Nous sommes retombés sur nos sièges. Si seulement ça avait été des 4x4 ! Des cochons ne pouvaient nous être d'aucune utilité.

A moins que ?

Les cochons ont trottiné droit sur nous. Que voulaient-ils ?

Les pousses, évidemment. Bientôt ils se sont mis à ronger et à mastiquer la plante. Ils fouillaient la terre de leurs pieds et de leur groin baveux. Leurs crocs ruisselants de sève déchiraient les racines. Ils se sont goinfrés. Il faut dire que la nourriture était plutôt rare dans ce pays aride. Et les cochons avaient faim.

– Hourra, a crié papy. Des renforts !

Hilares, nous avons tous applaudi, nous nous sommes donné de grandes tapes dans le dos. Les cochons sauvages allaient mettre en pièces l'horrible plante.

Mais celle-ci ne s'avouait pas vaincue, loin de là. Une pousse fine comme la lame d'un fouet s'est enroulée autour de la queue du plus gros des cochons. La plante l'a soulevé et l'a fait tournoyer dans les airs. De plus en plus vite, comme une hélice d'avion. Le cochon grognait et couinait de terreur. Il n'était plus qu'une tache floue. Son cri s'est transformé en une sorte de râle aigu.

Les autres ont subi le même sort. Des racines les ont attrapés par la queue et les ont entraînés à un rythme endiablé.

Et puis brusquement, la plante les a lâchés. Les cochons ont décrit un arc de cercle dans le ciel. De plus en plus haut, comme s'ils avaient jailli du fût d'un canon.

Puis ils ont entamé la descente. En chute

libre. Ils tournaient sur eux-mêmes en criant comme des porcs qu'on égorge. Ils ont heurté le sol avec un bruit mat à vous donner la nausée. Deux de ces pauvres créatures ont encore eu un vague sursaut puis, plus rien. Les autres n'avaient même pas bougé.

Ils étaient tous morts.

C'était le sort qui nous attendait si nous restions là les bras croisés.

La racine s'est remise à pressurer la voiture qui grinçait et craquait de tous les côtés. Le toit a ployé puis il s'est enfoncé. Nous avons tous enfoui la tête dans nos épaules et nous nous sommes tassés dans nos sièges.

Personne ne viendrait nous délivrer. Nous étions seuls au monde. Mon corps tout entier tremblait de peur. Mes oreilles bourdonnaient. Je détestais cette plante. Je haïssais ces virus.

Je n'étais qu'un enfant. Je ne voulais pas mourir dans le désert.

– Sortons d'ici ! me suis-je écrié.

J'ai été pris de vertige. Le sol sous moi s'est mis à tressauter. Les roues tournaient.

Le moteur ronronnait. Le pot d'échappement a pétaradé. Autour de moi, sur des rangées de sièges, les gamins de l'école riaient et chahutaient.

J'ai fait la grimace quand la boîte de vitesses s'est mise à grincer. On ne se serait jamais cru dans une voiture. Mais plutôt dans un bus...

HUIT

Randy s'est redressé, les yeux comme des soucoupes. J'ai d'abord cru qu'il avait vu quelque chose sur la nuque de papy. Peut-être un bout de racine qui se glissait sous son col.

Mon cœur a fait un bond.

Mais il n'y avait rien sur le cou de papy. De toute façon, les yeux de Randy n'étaient même pas fixés sur lui.

– Wayne ! a-t-il crié, tout excité.

Je n'ai pas compris. Le seul Wayne qu'on connaissait, c'était Wayne Hicks, qui était avec nous à l'école primaire. J'ai regardé la brume de chaleur à travers le pare-brise. Randy avait-il vu Wayne Hicks qui s'approchait sur la plaine écrasée de soleil, une énorme paire de sécateurs à la main ?

Ça semblait peu probable. Mais quand on est sur le point d'être broyé par une plante grimpante dans une voiture entourée de cochons volants, tout devient plausible.

– Wayne ! a crié Randy. Viens t'asseoir ici.

Mon cœur s'est emballé. J'ai soudain compris ce qui se passait. Ce que j'attendais depuis hier.

Papy et Howard s'étaient retournés et regardaient Randy avec inquiétude.

J'ai porté un doigt sur mes lèvres.

– Chut, il est reparti dans le bus.

Brusquement, je me fichais bien de la racine, des cochons ou de la chaleur. Je voulais secouer Randy par les épaules et le supplier de me décrire dans les moindres détails la dernière heure de la vie de ma mère. Mais je n'ai pas bougé. C'était la première fois que je voyais quelqu'un en proie à une hallucination, mais mon instinct me conseillait de rester tranquille.

Couverte de sueur, j'ai attendu que Randy me fournisse de nouveaux indices.

Il s'est mis à se balancer de gauche à droite sur son siège comme s'il roulait sur une route sinueuse. C'était logique. La route qui allait de la ville à l'ancienne maison de Randy était en effet sinueuse.

Le balancement s'est brusquement arrêté.

– Salut, Lonnie ! Au revoir, Helen.

Des enfants auxquels je n'avais pas pensé depuis des années ont soudain fait irruption dans ma mémoire. Lonnie Dunbar, qui avait déménagé à Adélaïde. Helen McIntyre, qui avait changé d'école après l'accident, sa mère estimant les transports peu sûrs. Ce qui était une insulte à ma mère.

J'ai ravalé mes larmes.

Une idée m'est venue. J'ai jeté un coup d'œil à la racine entortillée autour de la voiture pour voir si les cris de Randy la perturbaient d'une manière ou d'une autre.

Mais elle ne bougeait pas. Elle était toujours

collée contre les vitres, même si elle ne semblait plus aussi serrée qu'avant.

Je n'y ai pas prêté plus d'attention parce que Randy a recommencé à se balancer. Puis nouvel arrêt brutal.

– Salut, Kyle !

Papy et Howard le regardaient comme un phénomène de foire.

– Il s'imagine dans l'autocar, a chuchoté papy à Howard. Celui qu'on a volé aux Allemands.

Je ne me suis pas donné la peine d'expliquer à Howard. Pas le temps. Je réfléchissais.

Le soir, la maison de Randy était le dernier arrêt sur le trajet de maman. Il habitait bien en dehors de la ville, sur le bord de la rivière. L'avant-dernier arrêt, c'était... c'était...

– A demain, George !

Mais bien sûr. George Dale.

Randy a recommencé à se balancer. George était descendu. Autrement dit, le bus entamait la dernière portion de son circuit. Un trajet d'une dizaine de minutes entre la maison des Dale et celle de Randy, de l'autre côté du pont. Avec Randy comme unique passager.

Et maman au volant.

La chaleur, la soif et l'énervement me donnaient le vertige. Dans dix minutes j'allais savoir la vérité. Cette vérité que j'attendais depuis cinq ans.

J'ai failli m'évanouir en entendant la suite.

– Plutôt bien, merci, madame Enright, a dit Randy. Sauf que mon père est un peu souffrant.

Mme Enright ! C'était maman. Randy s'adressait à maman !

J'ai laissé échapper un sanglot. Je n'ai pas pu le retenir, pas plus que les larmes qui emplissaient mes yeux.

Maman était vivante.

Dans l'esprit en plein délire de Randy victime du virus, maman était vivante.

J'aurais tant voulu y être aussi. Juste pour jeter mes bras autour de son cou. Pour lui dire au revoir et lui dire que je l'aimerais toujours.

Non. Pas seulement ça. Pour tenter de la sauver.

Quelque chose grattait sur la carrosserie, tout près de mon oreille.

– La racine ! s'est écrié Howard. Regardez la racine.

Un court instant, j'ai détourné mes yeux de Randy. La plante desserrait son emprise, les tiges se relâchaient. Mais ça m'était égal. Je me suis tournée vers Randy. Il me regardait.

– A boire, à boire...

J'ai tout de suite compris qu'il n'était plus dans le bus.

– Non ! Retournes-y. S'il te plaît.

Ses lèvres étaient sèches et gercées.

– J'ai soif.

Je me suis baissée pour fouiller le plancher de la voiture, en espérant que papy aurait oublié une vieille canette de soda, avec encore quelques gouttes dedans. Ou un chiffon humide pour laver les vitres. N'importe quoi pour humecter les lèvres de Randy afin qu'il puisse remonter dans le bus et me parler de maman.

Rien.

A part le démonte-pneu, le canif de papy et un sandwich à l'œuf et au curry du mariage.

Pas une goutte de liquide. Je perdais maman pour une simple gorgée d'eau.

Soudain, une rage inconnue s'est emparée de moi. J'ai bien failli fourrer le sandwich dans la bouche de Randy. Tant pis s'il était vieux de deux jours et très épicé parce que Mme Conti met toujours trop de curry en poudre. Mais je me suis arrêtée à temps.

Ce n'était pas la faute de Randy si son père lui avait envoyé une poupée farcie de vers porteurs de maladie. Et ce n'était pas sa faute non plus si la soif avait interrompu sa vision.

C'était la faute de la racine. Cette saleté de racine qui avait bu toute notre eau.

J'ai attrapé le canif de papy, j'ai baissé ma vitre et je me suis mise à taillader cette pourriture de racine.

– Non, a hurlé Howard.

– Remonte ta vitre !

Saleté ! ai-je crié à la plante.

Je coupais de toutes mes forces. Mais la racine était aussi dure qu'un câble en acier et le petit canif ne pénétrait pas. J'ai quand même réussi à arracher un peu d'écorce. L'encoche était humide et violacée.

– Tiens, prends ça !

J'ai ôté l'œuf au curry du sandwich, je l'ai mis dans le creux de ma main et je l'ai frotté sur la plaie ouverte. La racine s'est débattue en claquant contre le flanc de la voiture.

J'ai attrapé le démonte-pneu, j'ai entrouvert ma porte et je me suis faufilée dehors.

– Non ! se sont écriés en chœur Howard, papy et Randy.

Trop tard. J'étais le nez dans la poussière. Je me suis redressée, je me suis retournée et j'ai frappé la racine à coups de démonte-pneu. Je cognais aussi sur la voiture de papy mais je m'en contrefichais.

– Je vais te hacher menu !

La plante craquait sous mes coups répétés. Les dernières branches se sont dénouées, filant sous la voiture.

– C'est ça ! Dégage !

Mais au lieu de fuir dans le désert, la racine s'est dressée devant moi. J'ai brandi mon arme.

– Tu en veux encore, espèce de pissenlit ?

Apparemment oui...

Elle a enflé sous mes yeux, passant de

l'épaisseur d'un doigt à celle d'un tuyau d'arrosage. Puis elle a claqué comme un fouet.

Rien que le bruit faisait mal. Mais pas aussi mal que lorsqu'elle m'a frappé le dos. Et la douleur physique n'était rien en comparaison de la détresse que j'ai ressentie quand elle s'est enroulée autour de moi comme un serpent et qu'elle a commencé à serrer...

A suivre...

LES AUTEURS...

PAUL JENNINGS ET MORRIS GLEITZMAN

Questions aux auteurs

OÙ ÊTES-VOUS NÉ ?

P.J. Je suis né le 30 avril 1943. Ma famille habitait à Heston, près de Londres. A l'âge de six ans, je suis parti vivre en Australie avec mes parents et ma petite sœur, Ruth. A cette époque, on s'y rendait en bateau. Il nous a fallu plusieurs jours de navigation avant d'arriver à Melbourne.

M.G. Je suis né en Angleterre, à Sleaford, le 9 janvier 1953. J'ai grandi dans la banlieue sud de Londres. J'avais seize ans quand nous sommes partis vivre en Australie.

ETES-VOUS UN AUTEUR À TEMPS COMPLET ?

P.J. Quand j'ai quitté l'école, je suis devenu enseignant. Après plusieurs années, j'ai repris des études pour devenir ortophoniste. J'ai également été maître de conférences en littérature. Ce n'est qu'en 1989 que j'ai décidé de devenir un écrivain à temps complet.

M.G. J'ai commencé par écrire des scénarios et des articles de journaux, avant de publier mon premier roman pour la jeunesse en 1985.

En plus des livres, je continue à écrire pour le cinéma et la télévision. Tout ceci m'occupe à plein temps !

Comment écrivez-vous vos livres ?

P.J. J'ai eu une enfance très heureuse. Mais je me souviens aussi de mes craintes et des sentiments que j'éprouvais alors. J'y trouve la matière de mes histoires et les enfants me posent souvent la question : « Comment pouvez-vous savoir ce qu'on est et ce qu'on ressent ? » Précisément parce que je me souviens de moi enfant.

M.G. D'habitude, je les écris seul, et c'est la première fois que je partage le plaisir de faire un livre avec quelqu'un d'autre. Paul est un ami, et j'étais très enthousiaste à l'idée d'écrire ce roman avec lui. Nous avons imaginé des situations familiales que nous connaissons bien, et le fait de créer deux personnages principaux qui racontent tour à tour l'histoire nous a permis de nous exprimer chacun de manière à la fois indépendante et complémentaire. Cette expérience nous a rapproché Paul et moi, et nous travaillons actuellement sur un autre projet en commun.

En 1999, Morris Gleitzman a été élu meilleur auteur de livres pour la jeunesse de l'année par les enfants australiens.

Déjà parus dans Folio Junior :
Paul Jennings a déjà publié :
Le Machin-bidule
Le Machin-bidule court toujours,
tous les deux illustrés par Pef. Ces titres font partie depuis plusieurs années des meilleures ventes en Australie.

DÉMENT !

UN ROMAN EN SIX PARTIES

Tournez vite la page
pour en savoir plus...

ATTENTION, LES VERS
N'ÉPARGNERONT PERSONNE DANS...

DÉMENT ! N°1

Découvrez dès maintenant un extrait
du premier chapitre…

« Sur la pelouse, une grosse pie picorait un quignon de pain que papy avait jeté là. Elle a fixé avec intérêt les vers qui se faufilaient entre les brins d'herbe, puis elle a sautillé dans leur direction.

De la nourriture.

La pie avait raison sur ce point. Il y avait bien de la nourriture en vue.

Mais c'était elle le plat principal.

Horreur ! Les vers se sont mis à fondre sur le pauvre oiseau. Il a poussé un cri puis s'est envolé juste au-dessus de nos têtes. Les vers l'ont aspiré en plein vol. A grands coups de gueule et de langue, ils l'ont vidé sous nos yeux. Sans un bruit, la pie et ses passagers clandestins se sont écrasés dans l'herbe. Les plumes sont retombées en tourbillonnant doucement.

Lorsque la dernière plume a touché terre, la pie n'était plus qu'une carcasse aux orbites vides.

Après ce repas, les vers paraissaient plus gros. Oui, pas de doute, ils avaient grossi. Mais ça ne les ralentissait en aucune manière. Nous n'avons pas eu le temps d'ouvrir la bouche qu'ils avaient déjà tous traversé la pelouse pour disparaître dans le garage.

Quel spectacle atroce ! Les vers avaient dévoré cette pie vivante. En se goinfrant comme des chancres. Il fallait que je dise à Kate ce que j'avais fait. Maman et Jack étaient en danger.

Les mots sont d'abord restés coincés dans ma gorge, mais j'ai réussi à les prononcer :

– Kate, j'ai mis des vers dans leur ragoût.

Elle s'est tournée vers moi, mi-furieuse, mi-horrifiée.

– Tu en as mis dans leur ragoût ? Mais mon père va en manger !

– Maman aussi. »

ATTENTION. LES MOUTONS PASSENT A L'ATTAQUE DANS...

DÉMENT ! N°2

Découvrez dès maintenant un extrait du premier chapitre…

« Il faisait une nuit d'encre. J'étais dans une casse déserte, à des kilomètres de la maison. Pas très loin de moi, il y avait un bus déglingué où gisait le seul souvenir de ma mère. Des vers géants se pressaient contre le portail de la casse, impatients de me vider les entrailles.

Et qu'est-ce qui me faisait courir dans le noir, en proie à une peur panique ?

Un chien.

Kate la mauviette, voilà comment Randy m'aurait appelée. Hé bien, il aurait eu tort.

Parce que ce chien était un vrai tueur. Il avait un rictus mauvais et des crocs gigantesques. Sa salive faisait des bulles, et pas à cause du savon. Quand il m'a foncé dessus, gueule ouverte, prêt à mordre, j'ai pris mes jambes à mon cou.

D'énormes épaves de machines agricoles se profilaient dans la pénombre. Je me suis écorché le bras sur un bout de métal rouillé. J'ai continué ma course jusqu'à, trébuchant, je m'étale lourdement dans la poussière. Le cœur battant, je me suis relevée, m'attendant à voir des dents encore pleines de pâtée pour chien me sauter à la gorge. Mais le molosse était devant le portail, en train d'aboyer après les langues visqueuses des vers géants. Mon cœur a ralenti : il est passé d'emballé à très rapide. Le chien s'en prenait aux vers, pas à moi !

Sous la faible clarté de la lune, j'ai vu que mes mains en tremblaient de soulagement.

Puis j'ai entendu un pas de course qui se rapprochait.

– Randy...

J'ai essayé de crier son nom mais tout ce qui est sorti de ma gorge desséchée, c'est un feulement rauque.

J'ai scruté les ténèbres dans l'espoir de voir surgir Randy... »

ATTENTION, LES GRENOUILLES AVALENT TOUT SUR LEUR PASSAGE DANS...

DÉMENT ! N°3

Découvrez dès maintenant un extrait du premier chapitre...

« Je ne m'étais jamais senti aussi peu chez moi dans ma nouvelle maison.

Je regardais par la fenêtre de la cuisine avec papy. Les grenouilles étaient toujours là.

Le général dévorait ses soldats les uns après les autres. Il broyait, croquait, mâchouillait et engloutissait. A chaque bouchée, il augmentait de volume. La file des grenouilles progressait en piétinant comme des troupes attendant le peloton d'exécution. Ils sautaient sans rechigner dans la gueule béante. Pas l'ombre d'une protestation. Ils se sacrifiaient allègrement. Mais dans quel but ?

Le général avait la taille d'un chien et il continuait de grossir. Les petites grenouilles avaient échoué dans leur tentative d'entrer dans la maison. Alors elles rassemblaient leurs forces. Elles formaient une seule et gigantesque grenouille. Capable de...

Capable d'enfoncer la porte !

C'était fou. Complètement fou. Elles auraient pu m'attaquer sur la route. Mais elles m'avaient dépassé sans s'occuper de moi. Elles avaient sauté par dessus ma tête. Alors après qui en avaient-elles ?

Il ne pouvait s'agir que d'une personne. Papy.

– Il faut qu'on arrête ce monstre, ai-je dit d'une voix tremblante.

– Randy, tu sais que dans le temps j'étais un Rat ?

Oh non. Voilà qu'il se remettait à délirer. Cette fois, il se prenait pour un rat !

– Les Rats de Tobrouk, qu'on nous appelait ! Pendant la guerre. On a résisté pendant des mois à Rommel. J'étais dans les blindés.

J'ai essayé de ne pas me laisser irriter par les radotages de papy. Le général avait maintenant la taille d'un mouton… »

ATTENTION. LES PLANTES ONT UN APPÉTIT FÉROCE DANS...

DEMENT ! N°5

Découvrez dès maintenant un extrait du premier chapitre...

« J'étais cuite.

La plus longue racine du monde était enroulée autour de moi. Elle me ceinturait. Elle m'écrasait. Je lui avais fait mal et elle criait vengeance.

A des kilomètres de là, à l'endroit où on avait campé la nuit précédente, la poupée à tête de pomme de Randy, contaminée, envoyait un message qui courait le long de la racine jusqu'à ses bourgeons.

TUER KATE.

Je lui en ai envoyé un à ma manière.

VA TE FAIRE...

La douleur me brûlait la poitrine. J'avais l'impression que mes côtes craquaient. Je luttais pour inspirer de l'air dans mes poumons comprimés. J'ai essayé de passer les pouces sous les filins d'acier pour les arracher.

Impossible.

La plante semblait puiser de nouvelles forces vitales dans ma mise à mort. Des vrilles glissaient le long de mon dos pour enlacer mes jambes. Des bourgeons s'entortillaient dans mes cheveux.

J'ai tenté de les écarter, mais de nouvelles pousses m'ont ficelé les bras. Leur écorce velue me cisaillait la peau et mes mains garrottées ont commencé à s'engourdir.

Je me suis rendu compte que je hurlais.

J'ai arrêté.

Je me suis débattue pour absorber plus d'air. Mais c'était sans espoir. Mon cerveau allait manquer d'oxygène. Ma vue se brouillait. Tout devenait flou autour de moi. La route étroite, qui pourtant traversait la plaine en ligne droite, me semblait soudain aussi sinueuse que la racine qui s'étirait à perte de vue sur son tracé... »

ATTENTION.
LA FIN EST PROCHE DANS...

DÉMENT ! N°6

Découvrez dès maintenant un extrait du premier chapitre…

« Papy a posé ses yeux sur moi. Puis il s'est mis à hurler. Il avait l'air terrifié. Surpris, j'ai reculé sur l'étroite jetée souterraine.

Quoi ? Qu'y avait-il ? J'ai regardé autour de moi, cherchant à comprendre. L'eau murmurait le long du tunnel. Les rats couraient dans les coins sombres. On était seuls, perdus, mais je ne voyais pas de raison de pousser des cris pareils. Aucune trace de l'homme à tête de pomme. Pas de visage monstrueux qui nous observait dans le noir.

A moins que… Papy me regardait comme si l'ennemi, c'était moi.

–Qu'est-ce qu'il y a, papy ? N'aie pas peur, je ne vais te faire de mal.

– Va-t-en. Arrière, sale espion !

Ses jambes grêles se sont mises à trembler et j'ai cru qu'il allait retomber à l'eau.

– Papy, c'est moi, Randy. Tu recommences à avoir des visions.

– Randy ? Tu ne peux pas être Randy. Tu es... tu es... un monstre.

J'ai porté les mains à mon visage, je l'ai tâté. Ma chair était toute flasque et ridée. Rien qu'au toucher, c'était horrible.

Et ça n'était pas tout. Je ne sentais pas la pression de mes doigts sur mes joues ! Je me suis pincé le nez. Rien. Je pouvais palper et sentir mon visage. Mais mon visage, lui, était devenu complètement insensible.

Pris de panique, j'ai touché ma bouche et mes lèvres, j'ai exploré la courbe de mon menton. Tout était bien en place mais rien n'avait l'air comme avant. On aurait dit que mon visage appartenait à un autre. A un envahisseur. Un frisson glacé m'a parcouru. Oui, j'étais envahi. Des germes maléfiques avaient pris possession de mon corps... »

[illegible]

[illegible]

[illegible]

[illegible] jouent [illegible]

[illegible]

[illegible] j'ai exploré le champ de mon [illegible]

[illegible]

Connaissez-vous les autres séries de la collection **FOLIO** JUNIOR ?

ANIMORPHS

Nous avons un **pouvoir** extraordinaire : celui de nous **transformer** en animal. Et de nous cinq dépend le sort du monde, menacé par une invasion **extraterrestre**. Mais nous ne pouvons vous dire qui nous sommes. C'est trop **risqué**. Nous devons être prudents, très **prudents**. Car s'**Ils** nous trouvent... Ce que vous devez savoir, c'est que nous sommes tous en **danger**.

Oui, même vous !

Déjà parus dans la série

ANIMORPHS

1. L'invasion
2. Le visiteur
3. L'affrontement
4. Le message
5. Le prédateur
6. La capture
7. L'inconnu
8. L'extraterrestre
9. Le secret
10. L'androïde
11. L'oubli
12. La menace
13. La mutation
14. Le mystère
15. L'évasion
16. L'alerte
17. Le piège
18. La décision
19. Le départ
20. La découverte
21. L'ennemi
22. La solution
23. L'héritier
24. Le soupçon
25. Le voyage
26. Le duel
27. La mission
28. La manipulation
29. L'épidéme
30. La rencontre
31. La conspiration

MEGAMORPHS

1. La créature
2. Au temps des dinosaures

INTERNET AVENTURES

Trois séries qui font reculer
les frontières du mystère
et de l'aventure...

Internet détectives

1. S.O.S. sur le Net
2. Échec et Net
3. Tempête sur le Net
4. Cybercollège
5. Terreur sur le réseau
6. Le pirate du Web
7. Danger, Virus!
8. Connexion interdite

@ Cybersurfers.

1. L'aventurier du Web
2. La cité virtuelle
3. Correspondant fantôme
4. Menaces en ligne

danger.com

1. Nom de code : Gemini 7
2. Meutres dans le cyberespace
3. Destinataire inconnu
4. Le maître du cybermonde

Loi n° 49-956 du 16 juillet 1949
sur les publications destinées à la jeunesse
ISBN 2-07-052830-8
Dépôt légal : avril 2000
Numéro d'édition : 91903
Numéro d'impression : 50127
Imprimé sur les presses de la Société Nouvelle Firmin-Didot